GÜTERSLOHER
VERLAGSHAUS

Text: Fabian Vogt, geb. 1967, ist Schriftsteller, Kabarettist und Theologe. Der promovierte Geschichtenerzähler hat mehrere Romane, viele Kurzgeschichten und einige unterhaltsame Sachbücher veröffentlicht – und wurde mehrfach ausgezeichnet. Er lebt mit seiner Frau Miriam und seinen Kindern in der Nähe von Frankfurt am Main.

Fotos: Pietro Sutera, geb. 1965, ist freischaffender Fotograf und Fotojournalist. Am liebsten fotografiert er Menschen so, dass sie ihre Schönheit neu entdecken. Viele seiner Bilder wurden in Magazinen, Kalendern und Büchern veröffentlicht und mit internationalen Preisen prämiert. Er lebt mit seiner Frau Nicole und seinen Kindern in der Nähe von Frankfurt am Main.

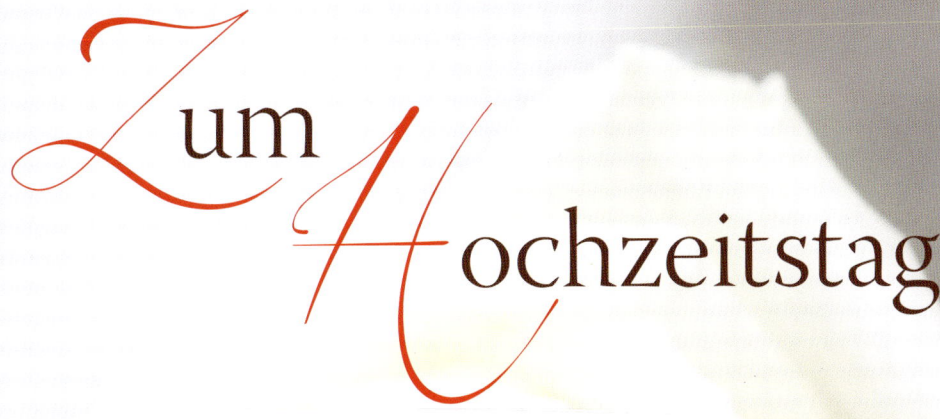

Zum Hochzeitstag

Für ....

Von ....

Am ....

Gütersloher Verlagshaus

*I*nhalt

Was es ist

Es ist Unsinn
sagt die Vernunft
Es ist was es ist
sagt die Liebe

Es ist Unglück
sagt die Berechnung
Es ist nichts als Schmerz
sagt die Angst
Es ist aussichtslos
sagt die Einsicht
Es ist was es ist
sagt die Liebe

Es ist lächerlich
sagt der Stolz
Es ist leichtsinnig
sagt die Vorsicht
Es ist unmöglich
sagt die Erfahrung
Es ist was es ist
sagt die Liebe

Erich Fried

Herzlichen Glückwunsch!

Sie haben Hochzeitstag. Toll. Denn ganz gleich, ob zum ersten oder zum sechzigsten Mal: Hochzeitstage sind herrlich und aufregend! Ein wunderbarer Anlass, die Liebe zu feiern, in Erinnerungen zu schwelgen und natürlich auch neugierig nach vorne zu schauen.

Dazu gratulieren wir sehr herzlich – mit einem Augenzwinkern und mit diesem Buch, quasi einem gebundenen »Strauß« aus vergnüglichen Texten, inspirierenden Bildern und bunten Anregungen, die Lust machen, die Facetten der Ehe immer wieder neu zu entdecken und dem Geheimnis der Liebe auf der Spur zu bleiben ...

Genießen Sie Ihr Fest mit allen Sinnen. Und weil jede gute Ehe etwas mit gemeinsamer Arbeit an der Beziehung zu tun hat (was Sie natürlich schon gemerkt haben – sonst wären Sie ja gar nicht so weit gekommen), freuen wir uns, wenn diese Seiten Sie auch motivieren, noch bislang ungeahnte Seiten Ihrer Liebe aufzuschlagen.

Und lassen Sie es sich dabei richtig gut gehen. Weil man am Hochzeitstag nicht nur die glücklichen, sondern auch die schwierigeren Zeiten getrost als einen Schatz ansehen kann, der das Fundament einer Ehe mitbegründet.

Nun denn: Öffnen Sie die Schatzkiste der Liebe ...

Fabian Vogt und Pietro Sutera

Das Herz – ins Holz geritzt,
das Schloss – an der Brücke,
die Musik – beim ersten Kuss,
die Lichtung – im Sonnenuntergang,
das Café – mit dem wackelnden Tisch,
die Autopanne – im strömenden Regen,
die Scheune – voller Lust und Leidenschaft.

Die Erinnerung liebt es,
sich zu verankern,
sich festzuhalten
an den innigen Momenten
des Miteinanders.

Ich liebe es,
mit dir zurückzudenken
an all diese Augenblicke.
Doch jetzt komm,
lass uns eine neue Erinnerung
schaffen ...

Zum Hochzeitstag

Was macht man eigentlich so an einem Hochzeitstag?
Also, außer sich darüber zu freuen, dass man es bis hierher geschafft hat?
Wir glauben, es sind drei Dinge:

1. Rückblick

Am Hochzeitstag erzählt man sich die erstaunliche Geschichte des Weges, den man miteinander gegangen ist, mit all seinen sanften und rauen Momenten. Und dieses Eintauchen in die Vergangenheit ist wichtig, weil starke Erinnerungen so etwas wie der Winterspeck einer Beziehung sind, sie ernähren uns in dürren Zeiten des Miteinanders.

2. Einblick

Am Hochzeitstag zieht man ein Resümee: Was fühlen wir nach all den Jahren? Wohin hat uns der Weg gebracht? Und: Wieso halte ich es mit diesem Menschen noch aus, obwohl ich auch seine schwierigen Seiten inzwischen so gut kenne? Eine derartige »Standortbestimmung« sorgt dafür, dass wir achtsam bleiben, hellhörig und dem anderen zugewandt.

3. Ausblick

Am Hochzeitstag beginnt auch ein neuer Abschnitt, vor dem man als Paar fragt: Welche Sehnsüchte warten noch darauf, erfüllt zu werden? Was möchten wir in Zukunft zusammen erleben? Oder: Worüber möchte ich mich nicht mehr aufregen? Spannend! Außerdem trägt eine solche »Vision« dazu bei, dass die Ehe lebendig bleibt.

Von Liebe und Leidenschaft

Weißt du noch, wie das war?
Wie sich das angefühlt hat?
Frisch verliebt zu sein!
Mit Schmetterlingen im Bauch ...

Von jedem deiner Atemzüge
hing mein ganzes Glück ab:
Sieht du mich?
Magst du mich?

Und dann der Jubel:
Wir fühlen das Gleiche.
Wir lieben einander.
Wir wollen zusammen bleiben.

Irgendwann landen die Schmetterlinge.
Ganz sacht und heimlich.
Aus Verliebtheit wird Liebe
und Routine.
Alltag eben.

Lass uns wieder
durch die Wiesen laufen
und die Schmetterlinge aufwecken,
denn eines weiß ich:

Sie sind noch da!

Blicke,
die dich streicheln,
will ich lernen.

Worte,
die dich verwöhnen,
will ich lernen.

Gefühle,
die dich tragen,
will ich lernen.

Sei nicht böse,
wenn beim Üben
noch etwas
danebengeht.

Die Liebe feiern

Natürlich ist an sich jeder Tag ein Hochzeitstag. Klar: Denn jeder Tag steht für einen neuen Schritt, den man gegangen ist, für eine Etappe der gemeinsamen Wanderschaft, die man hinter sich gebracht hat.

Und doch braucht die Liebe ab und an so etwas wie einen Rastplatz der Seele, einen Ort oder einen Moment, an dem sie zur Ruhe kommen kann, ohne immerzu das Unterwegssein organisieren zu müssen.

An solchen Tagen, zum Beispiel den Hochzeitstagen, darf die Beziehung durchatmen. Ausgelassen und fröhlich. Da lässt es sich die Liebe einfach gut gehen, tankt Kraft und schnürt die Wanderstiefel wieder fest.

Eigentlich schade, dass Hochzeitstage so selten sind. Wir sollten unsere Liebe viel öfter feiern. Du und ich. Vielleicht täte ihr das ja gut. Hey, wie wäre es mit nächster Woche? Warte ... ja, ich habe Zeit ... und du?

Wie vor Jahr und Tag,
liebe ich Dich doch,
vielleicht weiser nur
und bewusster noch.
Und noch immerfort
ist ein Tag ohne Dich
ein verlor'ner Tag,
verlor'ne Zeit für mich.
Wie vor Jahr und Tag
ist noch immerfort
das Glück und Dein Name
dasselbe Wort.
Allein, was sich geändert
haben mag,
ich lieb' Dich noch mehr
als vor Jahr und Tag.

Reinhard Mey

Festliche Anregungen

Wahrscheinlich ist Ihr Hochzeitstag schon durchgeplant. Wenn nicht, wie wäre es dann mit folgenden Vorschlägen, die auch sonst sehr bewegend sein können:

- Schauen Sie sich bei romantischem Kerzenschein zusammen auf dem Sofa das Hochzeitsalbum an.

- Fahren Sie an einen Ort, an dem Sie als Paar besonders glückliche Augenblicke erlebt haben.

- Laden Sie Freunde zum Essen ein, die Ihnen zu Beginn Ihrer Beziehung sehr wichtig waren.

- Gönnen Sie sich eine genüssliche Paarmassage. Die Experten kommen inzwischen sogar nach Hause.

- Machen Sie endlich etwas, für das bislang noch nie Gelegenheit war: Ballonfahren, im See schwimmen ...

- Schreiben Sie unabhängig voneinander eine Liste: »10 Dinge, die ich am meisten an dir liebe«.

- Erzählen Sie sich, was Sie gerne wieder einmal miteinander erleben möchten.

- Besuchen Sie zusammen ein Konzert von Künstlern, deren Musik Sie seit längerem begeistert.

- Beginnen Sie mit etwas Nachhaltigem: einem Tanzkurs, einem Theater-Abo, einem »Patenkind« ...

- Sagen Sie einfach: »Mein Liebling. Heute hast Du einen Wunsch frei. Na, was möchtest du?«

Die Epochen der Ehe

Hochzeitsjubiläen feiern die Menschen schon lange. Ja, bereits in mittelalterlichen Texten werden sie als Festtage lobend erwähnt. Kein Wunder: Es ist einfach ein erhebendes Gefühl, wenn man eine bestimmte Anzahl von Jahren miteinander erlebt hat.

Früher wurden runde Hochzeitstage auch deshalb groß gefeiert, weil Krankheiten, Hungersnöte, Kriege und die viel geringere Lebenserwartung der Menschen die Dauer von Beziehungen stark einschränkten. Sprich: Da war es schon etwas Besonderes, wenn eine Ehe 10 Jahre Bestand hatte. Von 25 Jahren ganz zu schweigen. Und das Versprechen »Ich will dich lieben, bis dass der Tod uns scheidet« hatte einen sehr realen Hintergrund.

Heute ist vieles anders. Und doch bekommen lang anhaltende Beziehungen im 21. Jahrhundert aufs Neue einen ganz hohen Stellenwert. Wer im Zeitalter vieler Trennungen, finanzieller Unabhängigkeit und des zunehmenden Individualismus' zusammenbleibt, der weiß, was er an der Liebe hat.

Und weil Verliebte offensichtlich gerne feiern, gibt es einige, die sogar jedes Jahr zelebrieren: das erste als »Papierne Hochzeit«, das dritte als »Lederne Hochzeit«, das fünfte als »Hölzerne Hochzeit« oder gar das zwölfeinhalbte als »Petersilienhochzeit«, quasi die Halbzeit zur »Silberhochzeit«.

Einige der schönsten Jubiläen stellen wir hier kurz vor. Dabei gilt die Regel: Je länger die Ehe, desto edler die Materialen, die den Festtagen ihren Namen geben. Weil die Bezeichnungen und Bräuche aber von Region zu Region variieren, beschränken wir uns auf die bekanntesten Festlichkeiten.

Hochzeit

Die Trau-Zeremonie hat tatsächlich einen eigenen Namen, sie heißt: »Grüne Hochzeit«. Vermutlich, weil Braut und Bräutigam noch etwas grün hinter den Ohren sind. Oder weil sie wie grüne, sprich: unreife Früchte noch viele Entwicklungsschritte vor sich haben.

Bei der »Grünen Hochzeit« schwebt das Paar meist auf »Wolke 7«, kann sich gar nicht vorstellen, dass dieses herrliche Hochgefühl jemals nachlässt, und weist alle Unkenrufe bezüglich potentieller Gefahren weit von sich: »Unsere Liebe überwindet alle Widerstände«. Ist ja auch richtig so.

10 Jahre

Das erste große Jubiläum heißt »Rosenhochzeit«. Die Liebe hat sich offensichtlich bewährt, man weiß jetzt, woran man mit der oder dem anderen ist, und beide konnten erleben, dass die Zuneigung auch in herausfordernden Momenten trägt. Aus Verliebtheit ist Liebe geworden.

Dementsprechend wurde die Rose als uraltes Symbol für die Liebe und für die Ewigkeit zur Patin dieses Tages. Kurz gesagt: Die Ehe ist in ihrer vollen Blüte. Und da sich die meisten Paare in dieser Phase ohnehin in der »Rushhour« des Lebens befinden – gerade wenn sie Kinder haben – gilt es, dieses Ereignis gebührend zu würdigen.

20 Jahre

Das zweite große Jubiläum nennt sich »Porzellan-hochzeit«, weil die Beziehung in dieser Phase zwar fest und glänzend, aber bisweilen eben auch zerbrechlich ist. Verständlicherweise: Die Routine hat sich eingeschlichen, die Kinder sind aus dem Haus, die Partner haben sich nicht selten einen nachlässigen Ton angewöhnt und das Miteinander ist selbstverständlich geworden.

Darum lädt dieser Tag mutig dazu ein, die Ehe wie ein gutes Porzellan-Service zu behandeln. Zu schauen, ob sich Risse gebildet haben, und gemeinsam das Festgefühl zur Erneuerung des Bundes zu nutzen. Und vielleicht bekommt ja auch die Romantik einen ganz neuen Raum.

25 Jahre

Die »Silberhochzeit« ist ein Höhepunkt jeder Ehe. Das Edelmetall ist dabei ein Symbol für besondere Reinheit. Warum? Na, weil »siebenfach geläutertes Silber« schon in der Bibel für einen Prozess der Läuterung steht. Gemeint ist: Alles Unreine wurde aus der Beziehung abgeschieden – jetzt schaut euch das Ergebnis an.

Nach einem Vierteljahrhundert des Miteinanders wissen beide Partner natürlich auch um die Schwächen und Macken des anderen. Sie wissen, wie sie ihn verletzen und wie sie ihn aufbauen können. Wenn die Gemeinschaft trotzdem weiter von tiefer Liebe geprägt ist, kann man das schon ein »Geschenk« nennen.

50 Jahre

Der fünfzigste Hochzeitstag wird überall auf der Welt »Goldene Hochzeit« genannt. Passt ja auch. Gold glänzt, es ist wertbeständig, es wird mit Kraft und Ausdauer in Verbindung gebracht – und es gilt als Zeichen für Ausgewogenheit und Perfektion. Deshalb reden wir gern von der »Goldenen Mitte« oder dem »Goldenen Schnitt«.

Und so, wie Gold nicht rostet oder anläuft, hat ein Paar nach einem halben Jahrhundert wirklich gezeigt, dass seine Liebe Bestand hat. Und wer dann auch noch die ersten Enkel auf den Knien hat, der ahnt, wie Verantwortung, Vertrauen und Zuneigung die Welt nachhaltig verändern.

60 Jahre

Ein Paar, dass »Diamantene Hochzeit« feiert, ist in der Regel weit über achtzig. Und wenn beide dann immer noch morgens ihre Partnerin oder ihren Partner mit einem innigen Glücksgefühl anschauen können, dann sind sie wahrhaft gesegnete Menschen. So ein Festtag hat dann auch zu Recht den wertvollsten aller Edelsteine als Namensgeber bekommen.

Ja, schließlich ist der Diamant der härteste aller Steine und gilt bis heute bei Liebenden als Garant für Ergebenheit und Treue. Allerdings: Es ist natürlich am Schönsten, wenn beim Fest auch die Augen der Jubilare funkeln wie geschliffene Diamanten.

Wenn ich mit Menschen- und
mit Engelszungen reden könnte
und keine Liebe hätte,
dann wäre ich nur ein
lärmender Gong.

Wenn ich alles Wissen besäße,
alle Geheimnisse und starken Glauben,
aber keine Liebe,
dann wäre ich einfach nur
ein Nichts.

Wenn ich all meinen Besitz spenden
und mich für die Armen opfern würde
und in mir keine Liebe spürte,
so wäre das alles
nutzlos.

Paulus

Die Ehe-Galerie

Mit der Ehe ist es wie mit vielen liebgewordenen Gewohnheiten: Man wird mit der Zeit ein wenig betriebsblind. Das heißt vor allem: Man nimmt das Schöne irgendwann als selbstverständlich hin und vergisst dabei oftmals, wie wundervoll es ist. Schade. Vor allem, weil so die Ecken und Kanten des anderen auf unverhältnismäßige Weise in den Vordergrund treten.

Die nächsten Seiten möchten Ihnen Lust auf einen Perspektivenwechsel machen, Sie einladen, Ihre Beziehung mal wieder mit frischen Augen zu sehen, die frechen Verhaltensmuster zu entlarven, die sich vielleicht eingeschlichen haben und dadurch den Höhen und Tiefen Ihrer Liebe neu auf die Schliche zu kommen.

Dazu haben wir Ihnen eine Sammlung ganz unterschiedlicher Impulse mitgebracht: weise Erkenntnisse großer Poeten, ein heiteres »A - Z« der Ehe, ein unterhaltsames Rätsel und einige Gedanken zu den »Jahreszeiten einer Ehe«.

Nutzen Sie diese »Galerie« von Erfahrungen und Eindrücken als »Steinbruch« der Ideen, und machen Sie sich auf eine Spurensuche danach, was eine Partnerschaft stark macht.

Poetisches zur Liebe

Die Erfahrung lehrt uns,
dass die Liebe nicht darin besteht,
dass man einander ansieht,
sondern darin,
dass man in die gleiche Richtung blickt.

Antoine de Saint-Exupéry

Liebe ist das einzige,
was wächst,
wenn wir es verschwenden.

Ricarda Huch

Lieben heißt,
einen anderen Menschen
so sehen zu können,
wie Gott ihn gemeint hat.

Fjodor Dostojewski

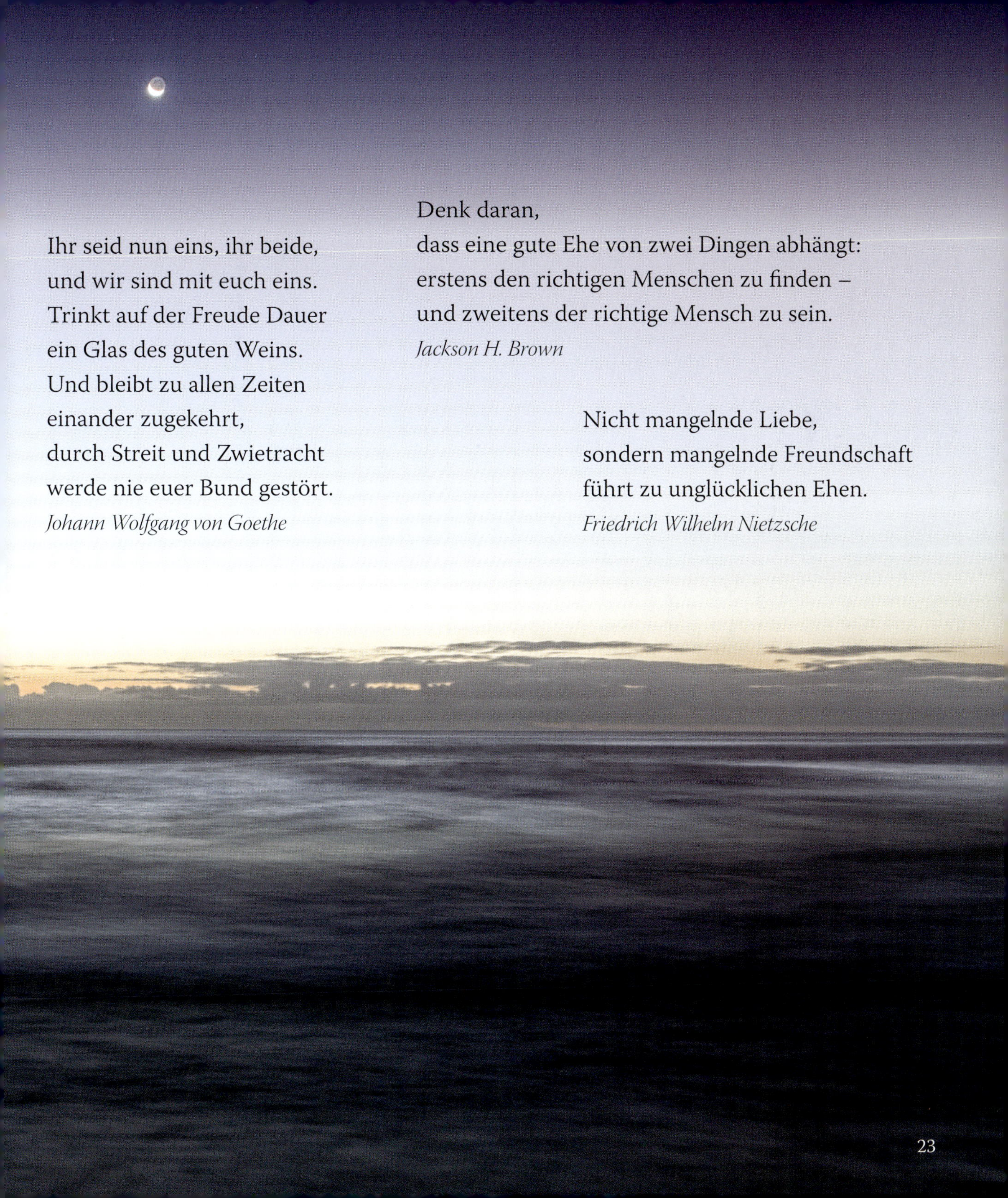

Ihr seid nun eins, ihr beide,
und wir sind mit euch eins.
Trinkt auf der Freude Dauer
ein Glas des guten Weins.
Und bleibt zu allen Zeiten
einander zugekehrt,
durch Streit und Zwietracht
werde nie euer Bund gestört.

Johann Wolfgang von Goethe

Denk daran,
dass eine gute Ehe von zwei Dingen abhängt:
erstens den richtigen Menschen zu finden –
und zweitens der richtige Mensch zu sein.

Jackson H. Brown

Nicht mangelnde Liebe,
sondern mangelnde Freundschaft
führt zu unglücklichen Ehen.

Friedrich Wilhelm Nietzsche

Ein kleiner Wimpernschlag –
was ist das schon?
Ein sanftes »Guten Tag« –
was ist das schon?
Was ist schon
ein Lächeln,
ein Seufzen
oder Schrei'n?

Das ist alles,
das ist das Leben,
das ist die Liebe
mit ihrer List.
Das ist die Hoffnung,
das ist der Wahnsinn –
wenn es von dir ist.

Ein Zucken um den Mund –
was ist das schon?
Ein Blick »Treib's nicht zu bunt!« –
was ist das schon?
Was ist schon
ein Atmen,
ein Jubeln,
ein Verzeihen?

Das ist alles,
das ist das Leben,
das ist die Liebe
mit ihrer List.
Das ist die Hoffnung,
das ist der Wahnsinn –
wenn es von dir ist.

Diese kleinen Zeichen deiner Liebe
stehen dir so herrlich zu Gesicht.
Viel mehr brauche ich gar nicht
zum Leben.
Glaube mir,
ich überseh sie nicht.

Das heitere A-Z der Ehe

Antrag Wenn sich einer der Willkür des anderen aus Liebe hilflos ausliefert.

Brautpaar Bedeutet, dass sich einiges zusammenbraut: Was lange gärt, wird endlich gut.

Charme Führt meist in der »Balzphase« zu heftigen Offensiven.

Danksagung Geheuchelte Freude über nutzlose Hochzeitsgeschenke.

Ehe Angeblich Abkürzung für »Errare humanum est«: Irren ist menschlich.

Flitterwochen Triebhafte Hochzeitsreise, bei der man wenig von der Landschaft mitbekommt.

Gold »Ein Ring, sie zu knechten ... und ewig zu binden.« (Tolkien, »Herr der Ringe«).

Hochzeit Der Tiefpunkt einer Junggesellenkarriere. Aber voller banger Erwartung.

Impotenz In manchen Fällen die beste Basis für eine glückliche Beziehung.

Jubiläum Kommt die Ehe in die Jahre, dann werden die Rundungen ausgiebig gefeiert.

Kinder Schlafraubende Angelegenheit, in die meist die Frauen verwickelt sind.

Liebe Zutiefst romantische Begründung für anhaltendes Ehegattensplitting.

Männlichkeit Die Fähigkeit, sich zu behaupten. Vor allem in Diskussionen.

Name Häufiger Identitätsverlust eines Partners beim Standesamt.

Optimismus Die Hoffnung, dass der andere sich ändert – während man selbst der Gleiche bleibt.

Partnerschaft Ein liebevoller Vertrag, dass man sich zukünftig vertragen möchte.

Qualität Entsteht in der Liebe nie durch Besserwissen, sondern immer durch Bessermachen.

Reizwäsche Dreckige Socken, über die sich die Gattin als Waschweib tierisch aufregt.

Schwiegermutter Beziehung voller Sehnsucht: »Sie bleibt bestimmt nur einen Tag!«

Trauzeuge Erinnert daran, dass man das alles freiwillig auf sich genommen hat.

Unrat Wartet in der Tonne darauf, dass der andere ihn herunterbringt.

Vorspiel Erotische Verzögerungstaktik, die Lust auf mehr macht.

Wutanfall Leidenschaftlicher Ausdruck von Zuneigung – gern mit fliegender Untertasse.

Xanthippe Zänkische Gattin des Sokrates, die beweist, dass manches Elend zeitlos ist.

Y-Chromosom Genetische Ursache für zutiefst männliche Defizite, inklusive Bartwuchs.

Zärtlichkeit Liebesbeweis, der gern in Streichel-Einheiten gemessen wird.

Das Buchstabenrätsel zur Ehe

```
B V O H P I R J S Q Y J U B I L A E U M M H E A V
Y H I W U T H N T R A U M F R A U S G H F R D N P
T O G R K G U O J T H C U S N H E S D J Z A N N
I Q C B J A R W C Z G N U N F F O H X G E S B G L
E Z D B C F S M T H E P K L M Q P G K G L E I R U
K L V O G T K B N Q Z B M M W F F L V Y I N G A L
H T F U Z G O A Z O H E O W Y B C Z U G E M Z L X
C G S U T E R A O D J K I I Y T Z A I V B A A T P
I V T N E K Q O S E K N I T S S J B V T E E K A G
L E I D E N S C H A F T F Z S U D W Y H S H O R L
T Y F O T O A L B E N W R F F N X A A E G E Y I N
R W Z W X H Z J I S E X I P I R A S U D R N L C M
E N E H C O W R E T T I L F Q V V C U T U C W F F
A V G M E V F T R A U R I N G Y A H H C E X Y W Y
Z A M I A R B R A U T S T R A U S S X T S M L Q K
M W W B R E R R A F P B D G E T R E U E S U S N Q
K E Y Z D F M R D X C E G N I L R E T T E M H C S
```

Finden Sie kreuz und quer, diagonal, vorwärts oder rückwärts:

Leidenschaft – Altar – Hochzeitsnacht – Trauring – Zaertlichkeit – Sex –
Brautstrauss – Hoffnung – Jubilaeum – Sehnsucht – Pfarrer –
Fotoalben – Abwasch – Schmetterlinge – Flitterwochen – Rasenmaehen –
Treue – Liebesgruesse – Traumfrau

Jahreszeiten der Ehe

Manchmal scheint es mir,
als hätte unsere Liebe Jahreszeiten.

In den Frühlingen wächst und gedeiht sie,
dann leuchten die Blüten der Hoffnung,
und in deinen Augen wird es warm.
Schmetterlinge fliegen umher, überall,
setzen sich auf unsere Seelen –
und bestäuben sie sanft mit Vertrauen.

In den Sommern strahlen unsere Gesichter,
dann entkleiden wir unsere Unruhe
und springen lachend in die Zweisamkeit.
Lange Tage und milde Nächte
streicheln meine Gedanken –
und lassen sie bei dir Heimat finden.

In den Herbsten ziehen Stürme heran,
dann tosen in mir, in uns die Zweifel,
und Regen trübt meine Sicht auf dich.
Blätter der Zuneigung fallen herab, noch bunt,
meine Äste fühlen sich kahl und leer an –
und der Wind zerrt rau an den Gefühlen.

In den Wintern kommt die Dunkelheit,
dann wird es kälter in unseren Herzen,
und Frost legt sich auf mein Gemüt.
Schneemänner stehen starr herum,
schweigen sich stundenlang an –
und träumen ängstlich von warmen Kaminen.

In guten wie in schlechten Jahreszeiten.
Habe ich das nicht versprochen?
Nebenbei:
Weißt du, welche Saison wir haben?
Ist in unserer Liebe gerade Frühling,
Sommer, Herbst oder gar Winter?
Ganz gleich. Ich gehöre zu dir.

Die Liebes-Werkstatt

Als der Bildhauer Auguste Rodin gefragt wurde, was das Geheimnis seiner Kunst sei, antwortete er lächelnd: »Toujours travailler!« – sinngemäß: »Man muss immer daran arbeiten.« Nun, wahrscheinlich ist es bei einer Ehe genauso. Und bei der Liebe auch: Sie will gehegt und gepflegt werden.

Dummerweise gilt allzu oft: Wenn es einem Paar gut geht, dann sieht es keine Notwendigkeit, an der Liebe zu arbeiten. Und wenn es einem Paar erst einmal schlecht geht, dann ist es in der Regel schon zu spät dafür. Sprich: Beziehungsarbeit gehört zuallererst in die entspannten Phasen, damit man in angespannten Zeiten gewappnet ist.

Die folgenden Seiten sind so etwas wie eine Ermutigung, die eigene Ehe zwischendurch mal neugierig auf den Prüfstand zu stellen. Dazu gibt es einerseits ein paar beflügelnde Ehe-Tipps, aber auch eine Aufzählung typischer Ehe-Fallen, in die eigentlich alle Paare hin und wieder tappen.

Und zu guter Letzt lädt ein Fragenkatalog ein, an einem lauschigen Abend intensiv miteinander ins Gespräch zu kommen. Ehrlich. Offen. Vertrauensvoll. Und vielleicht mit einem schönen Glas Chardonney. Es lohnt sich.

Zehn Ehe-Tipps

Was sind die Kennzeichen einer guten Ehe? Schwierige Frage! Natürlich gibt es dazu äußerst vielfältige Ratgeber, aber wenn man glückliche Paare interviewt, dann kristallisieren sich schnell einige Kernaussagen heraus.

Prüfen Sie doch einmal spielerisch – allein oder gemeinsam – ob Sie die folgenden Liebesbekenntnisse so unterschreiben könnten. Liebe ist ... wenn man dem anderen regelmäßig signalisiert:

1. »Ich will dich!«

Auch wenn es manchmal herausfordernd ist: Dich habe ich ausgewählt. Und zu dieser Wahl stehe ich.

2. »Ich bin an dir interessiert!«

Ich möchte an deinem Leben Anteil haben. Sag mir bitte, was dich bewegt, antreibt und motiviert.

3. »Ich achte dich!«

Selbst wenn einmal die ganze Welt gegen dich sein sollte: Ich bin für dich. Für mich bist du wertvoll.

4. »Ich fühle mit dir!«

Deine Emotionen bedeuten mir viel. Denn: Mir geht es erst dann richtig gut, wenn es auch dir gut geht.

5. »Ich möchte mit dir Konflikte lösen!«

Ich glaube daran, dass wir Meinungsverschiedenheiten lösen können, weil wir das »Wir« über das »Ich« stellen.

6. »Ich will mich mit dir versöhnen!«

Glücklich-Sein ist wichtiger als Recht-Haben. Darum will ich auch die Größe entwickeln, Fehler zu verzeihen.

7. »Ich suche die Gemeinsamkeiten!«

Im oft hektischen Alltag achte ich darauf, dass unsere Beziehung immer ihren Raum bekommt.

8. »Ich ziehe mit dir an einem Strang!«

Partner, die gegeneinander kämpfen, verlieren beide. Ich möchte mit dir gemeinsam Ziele erreichen.

9. »Ich lasse dir Freiräume«

Ich sehe, dass du ein eigenständiger Mensch bist, der mir anvertraut ist, mir aber nicht gehört.

10. »Ich will mit dir lachen.«

Ich freue mich, wenn unsere Ehe immer etwas Leichtes, Entspanntes, Wohltuendes und Heiteres hat.

Eine Frau küsst seit Jahren ihren Frosch
    und hofft,
    und hofft,
    und hofft,
dass daraus irgendwann einmal ein Prinz wird.

Eine andere küsst seit Jahren ihren Frosch
    und weiß,
    und weiß,
    und weiß,
dass man auch Frösche sehr lieben kann.

Zehn Ehe-Fallen

So, wie konstruktive Verhaltensmuster eine Beziehung fest und belastbar machen, können destruktive Erwartungen sie gefährden. Einige der heimtückischsten solcher »Beziehungskiller« finden Sie hier.

Und wieder gilt: Es kann nie schaden, das eigene Liebesleben mal sorgfältig daraufhin abzuklopfen, ob man nicht doch der einen oder anderen der folgenden »Versuchungen« erlegen ist – und ein wenig gemeinsam zu grübeln, warum diese Aussagen bisweilen so zerstörerisch sind.

1. Falle: »Sei mein Traumpartner!«
Eigentlich erwarte ich, dass du als Gegenüber perfekt bist und meine Erwartungen auf allen Ebenen erfüllst.

2. Falle: »Mach mich glücklich!«
Letztlich ist es dein Job, dafür zu sorgen, dass es mir gut geht. Schenk mir bitte Sinn, Heil und Zufriedenheit.

3. Falle: »Lass uns nie streiten!«
Wer sich wirklich liebt, der wird nie ein böses Wort gegen den anderen richten. Warum auch?

4. Falle: »Ich forme dich schon!«
So, wie du jetzt bist, gefällst du mir noch nicht richtig – aber wenn du erst mal so wirst, wie ich möchte, dann ...

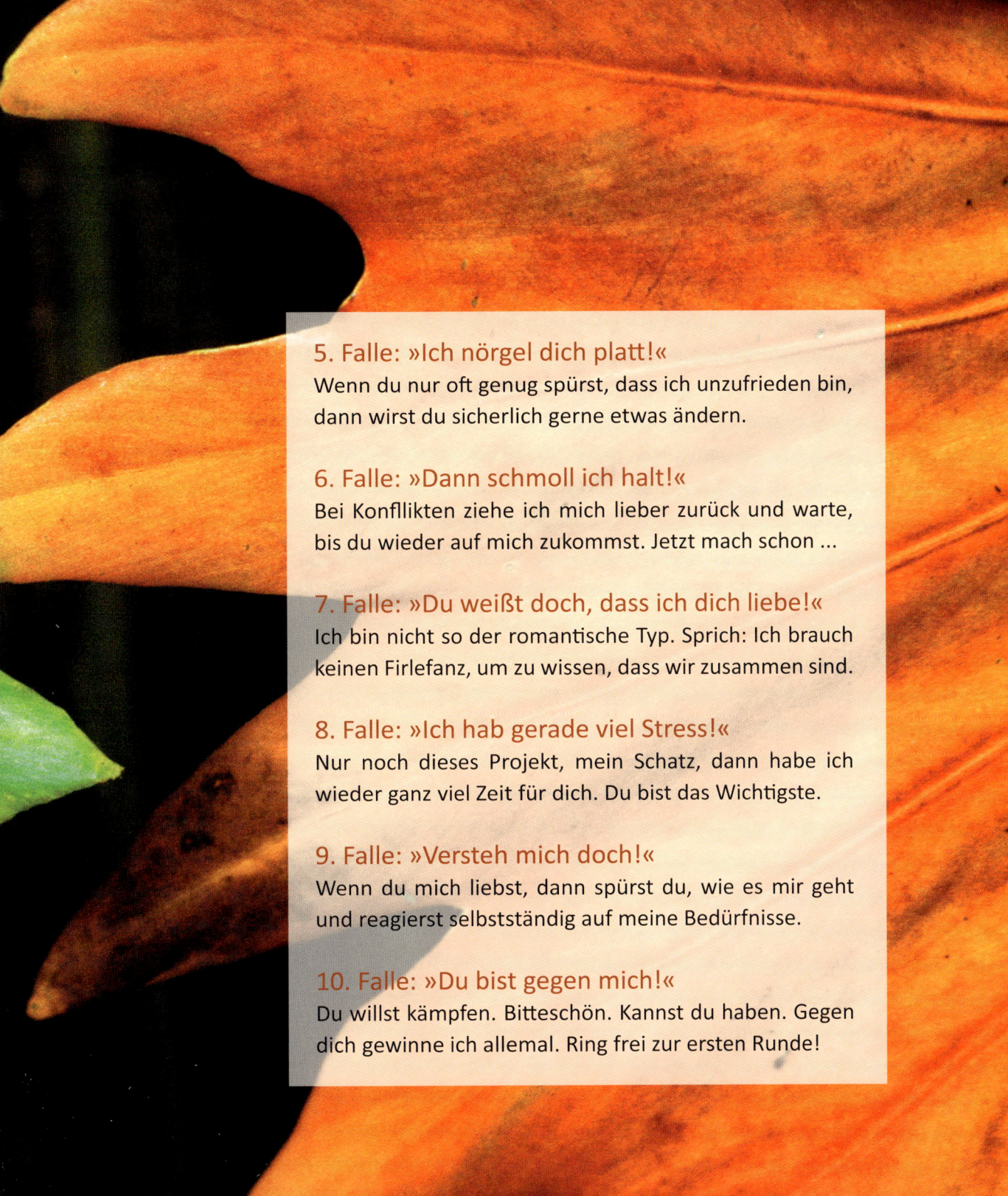

5. Falle: »Ich nörgel dich platt!«

Wenn du nur oft genug spürst, dass ich unzufrieden bin, dann wirst du sicherlich gerne etwas ändern.

6. Falle: »Dann schmoll ich halt!«

Bei Konfllikten ziehe ich mich lieber zurück und warte, bis du wieder auf mich zukommst. Jetzt mach schon ...

7. Falle: »Du weißt doch, dass ich dich liebe!«

Ich bin nicht so der romantische Typ. Sprich: Ich brauch keinen Firlefanz, um zu wissen, dass wir zusammen sind.

8. Falle: »Ich hab gerade viel Stress!«

Nur noch dieses Projekt, mein Schatz, dann habe ich wieder ganz viel Zeit für dich. Du bist das Wichtigste.

9. Falle: »Versteh mich doch!«

Wenn du mich liebst, dann spürst du, wie es mir geht und reagierst selbstständig auf meine Bedürfnisse.

10. Falle: »Du bist gegen mich!«

Du willst kämpfen. Bitteschön. Kannst du haben. Gegen dich gewinne ich allemal. Ring frei zur ersten Runde!

Ein kleiner Ehe-Test

Man denkt ja oft: »Wir reden über alles.« Aber bisweilen offenbart ein anregender Gesprächsabend zu zweit dann doch ganz unerwartete Aspekte des Gefühlslebens. Und diese diskret-indiskreten Fragen können dazu sicherlich einiges beitragen:

1. Was liebst du an mir am meisten?

2. Wann mache ich dich am glücklichsten?

3. Wann enttäusche ich dich am meisten?

4. Was würdest du anders machen, wenn wir noch einmal heiraten würden?

5. Welche Landschaft wäre ein passendes Sinnbild für unsere Beziehung?

6. Wo ziehen wir an einem Strang und wo gegeneinander?

7. Was haben wir zusammen erreicht?

8. Was waren die größten Entwicklungsschritte unserer Ehe?

9. Was wollen wir im nächsten Jahr zusammen angehen?

10. Was wünschst du dir von mir am meisten?

11. Was möchtest du mir endlich mal sagen?

12. Wohin würdest du gerne (noch einmal) mit mir fahren?

Vom Segen

»Wer zum Eheschluss Segen begehrt, der zeigt damit deutlich an – auch wenn er es nicht ausspricht –, in welch gefahrvolle Lage er sich begibt und wie sehr er den göttlichen Segen nötig hat für die Lebensform, auf die er sich einlässt.« Das hat Martin Luther gesagt. Und wir finden: Er hat recht.

Wer liebt, der ahnt, dass bei allem Wollen und Tun in einer Beziehung doch etwas mitschwingt, das wir nicht machen können. Langanhaltende Liebe ist ein unglaublich kostbares Geschenk – und wenn sie uns überfällt, dann bekommen wir eigentlich immer das Gefühl, als hätte da der Himmel seine Hände im Spiel.

Kein Wunder, dass in der Bibel Gott und die Liebe letztlich gleichgesetzt werden.

Darum lassen viele Paare am Hochzeitstag ihren Trausegen noch einmal erneuern – um sich zu erinnern, dass ihr Glück ein echter Segen ist und diesen auch immer wieder braucht.

»Gott ist die Liebe.
Und wer in der Liebe bleibt,
der bleibt in Gott
und Gott in ihm.«

1. Johannesbrief

Bibliografische Information der Deutschen Nationalbibliothek

Die Deutsche Nationalbibliothek verzeichnet diese Publikation
in der Deutschen Nationalbibliografie; detaillierte bibliografische
Daten sind im Internet über https://portal.dnb.de abrufbar.

Rätsel-Auflösung

```
B V O H P I R J S Q Y J U B I L A E U M M H E A V
Y H I W U T H N T R A U M F R A U S G H F R D N P
T O G R K G U O I T H C U S N H E S D J Z A N N N
I Q C B J A R W C Z G N U N F F O H X G E S B G L
E Z D B C F S M T H E P K L M Q P G K G L E I R U
K L V O G T K B N Q Z B M M W F F L V Y I N M Z L X
H T F U Z G O A Z O H E O W Y B C Z U G E M Z L E X
C G S U T E R A O D J K I Y T Z A I V B A A K O P
I V T N E K Q O S E K N I S S J B V T E E K A R G
L E I D E N S C H A F T F Z S U D W Y H S H O A I
T Y F O T O A L B E N W R F F N X A A E G E Y L N
R W Z W X H Z J I S E X I P I R A S P J R N L C M
E N E H C O W R E T T I L F Q V V C U T U C W Y F
A V G M E V F T R A U R I N G Y A H H C E X Y W Y
Z A M I A R B R A U T S T R A U S S X T S M L Q K
M W W B R E R R A F P B D G E T R E U E S U S N Q
K E Y Z D F M R D X C E G N I L R E T T E M H C S
```

Quellennachweis:

S. 6: aus: »Gesammelte Werke« von Volker Kaukoreit, Klaus Wagenbach
und Erich Fried, Verlag Klaus Wagenbach, Berlin
S. 13: mit freundlicher Genehmigung der Edition Reinhard Mey, Lehrte
(von der CD »Reinhard Mey, Wie vor Jahr und Tag«)

1. Auflage
Copyright © 2014 by Gütersloher Verlagshaus, Gütersloh,
in der Verlagsgruppe Random House GmbH, München

Druck und Einband: Těšínská tiskárna, a.s., Český Těšín
Printed in Czech Republic
ISBN 978-3-579-07029-2

www.gtvh.de

Entdecken Sie mehr
auf www.gtvh.de